INSPIRATIONS

RELIGIEUSES

PAR

UN VIEILLARD AVEUGLE DE 83 ANS

Paris,

A. RENÉ ET Cᵉ, IMPRIMEURS ÉDITEURS,

RUE DE SEINE, 32.

1839

INSPIRATIONS

RELIGIEUSES.

INSPIRATIONS
RELIGIEUSES

PAR

UN VIEILLARD AVEUGLE DE 83 ANS.

Paris,

A. RENÉ ET Cⁱᵉ, IMPRIMEURS-ÉDITEURS,

RUE DE SEINE, 32.

1839

AVIS

INDISPENSABLE A LIRE.

Après une vie longue, constamment agitée et jonchée de peines et de malheurs, je fus à soixante ans frappé d'une goutte sereine dont les suites furent une cécité complète ; devenu par cette fatalité totalement impropre à toute espèce de fonctions et de travail quelconque, après avoir tenté tous les moyens possibles pour recouvrer la vue, je me retirai du monde et je vécus entièrement isolé. J'avais à cette époque déjà perdu la partie la plus nombreuse de ma famille, soit par la faux révolutionnaire, soit par une mort naturelle ; une fille unique me restait, Mme Bertille de Bonald : le ciel me l'a ravie encore, et cette perte aussi douloureuse qu'inattendue me jeta dans un plus grand et plus profond isolement que jamais. Alors les principes que j'avais reçus dès mon enfance, dont je m'étais si souvent éloigné, mais que je n'avais oubliés dans aucun temps, revinrent à mon esprit, à mon cœur, et les occupèrent uniquement. Alors les inspirations religieuses semblèrent se multiplier en ma faveur et se pressèrent pour apporter dans mon âme ces consolations qui ne nous viennent que d'en haut ; alors enfin, je sentis le besoin de m'entretenir journellement avec Dieu, et je ne trouvai d'autres moyens de le faire convenablement qu'en m'abandonnant à la méditation et à la prière. Ce fut à cette époque que je composai celles qui forment aujourd'hui ce Recueil que je résolus de publier. Je sentis parfaitement qu'une publication de ce genre ne pouvait avoir aucun succès, dans ce qu'on appelle vulgairement le grand monde ; je compris que s'il pouvait avoir une certaine approbation, il ne saurait l'obtenir qu'auprès des âmes pieuses, et particulièrement auprès de ces vierges saintes pour lesquelles la prière est un aussi grand besoin, qu'il est un devoir sacré pour elles ; je conçus donc l'idée de leur dédier cet opuscule.

C'est l'élan d'un cœur pénitent animé d'un repentir véritable quoique tardif. L'auteur déplore les erreurs de sa jeunesse et les fautes de toute sa vie ; il ne cesse d'implorer de la bonté divine le pardon de ses offenses nombreuses.

AUX DAMES RELIGIEUSES

ET CLOITRÉES.

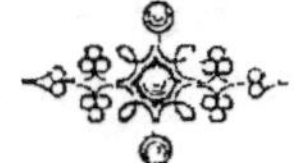

Vierges saintes et charitables
Qui peuplez ce divin séjour,
Soyez à mes vœux favorables,
Au nom de ce céleste amour
Qui s'empare de votre âme,
Et vous anime et vous enflamme
De l'aurore à la fin du jour.

Voyez ce pécheur misérable
Pénétré d'un vrai repentir.
Si le Ciel l'a jugé coupable,
Le Ciel le fait aussi souffrir ;
Et des erreurs de sa jeunesse,
Par la plus affreuse vieillesse,
Ce Ciel l'a voulu punir !

Voyez, voyez, ô vierges saintes !
Regardez quelle est ma douleur ;
Je vis sans cesse dans les craintes
De la colère du Seigneur.
Priez pour moi, priez Marie,
Afin que le Seigneur oublie
Et mes fautes et mon erreur !

CONTRITION[1].

(4 Avril 1839.)

Chaque jour, ô mon Dieu, chaque jour me rappelle
Mes fautes, mes erreurs, mes oublis de ta loi ;
Chaque instant, j'aperçois une offense nouvelle
Que j'ai voulu commettre et commise envers toi.
Esclave de mes sens, aux jours de ma jeunesse,
J'ai cherché du plaisir à savourer la fleur :
Je ressens aujourd'hui l'épine qui me blesse,
Et dont la pointe aiguë a déchiré mon cœur.
Tel est l'effet, mon Dieu, de ta juste colère !
Ne peux-tu la calmer, en voyant mon malheur ?
Je suis infirme, vieux, privé de la lumière,
Et mes jours sont marqués au coin de la douleur.
Pour augmenter encor, s'il se peut, ma souffrance,
A mes yeux vient s'offrir le tableau douloureux
Des temps où je vivais au sein de l'opulence,
Où le succès toujours couronnait tous mes vœux.

[1] Cet acte a été fait aux pieds d'un crucifix à côté duquel était le portrait de ma mère.

Regarde, ô Tout-Puissant, contemple ma détresse :
Je passe dans les pleurs et les nuits et les jours.
Grâce, grâce, ô mon Dieu, pardonne à ma faiblesse,
Et viens à tous mes maux porter quelque secours.
Et vous, doux souvenir de cette tendre mère
Qui couvrait mon berceau de caresses, de fleurs,
Venez autour de moi comme une ombre légère;
Vous charmerez mon âme et sècherez mes pleurs.
Ah! qu'ai-je dit? Mon Dieu, puis-je être pardonnable?
Pour ne pas t'offenser ai-je fait quelque effort?
Frappe, frappe, grand Dieu, cette tête coupable :
Je bénirai ton bras en recevant la mort!

SUR LE PANORAMA
DE JÉRUSALEM[*].

O prodige éclatant des volontés divines !
De la sainte cité les antiques ruines,
Par le charme enchanteur d'un habile pinceau,
Se montrent à nos yeux dans un éclat nouveau.
Vous, de Jérusalem, cette cité céleste,
Qui venez contempler l'auguste et triste reste,
Vous y retrouverez les noms de nos aïeux,
Qui du monde chrétien furent les premiers preux :
Biron, Montmorenci, ces noms chers à l'histoire,
Font encor de nos jours et l'honneur et la gloire.
Vous y retrouverez, vous y verrez les lieux
Où Godefroi-Bouillon combattait avec eux ;
Où tous les souverains et les grands de la terre
Du plus saint de nos rois suivirent la bannière.

[*] Le Panorama de Jérusalem a été peint par M. Prévôt, artiste des plus distingués. Après avoir fait exprès le voyage de la Terre-Sainte, il en a dessiné lui-même les sites et les lieux.

O mémorable temps, où la religion

D'un peuple de héros cimentait l'union,

Où l'aspect de la croix, celui de l'oriflamme,

Des chevaliers français soutenait la belle âme,

Au milieu des dangers que le nom du Seigneur

Offrait à chaque instant à leur noble valeur.

Vous n'êtes plus, beaux jours, triomphe de nos armes!

Jérusalem, sur toi nous répandons des larmes;

Tes temples abattus, tes autels renversés,

Ton culte anéanti, tes prêtres dispersés,

Ces riches minarets, ces pompeuses mosquées,

Élevés au milieu des colonnes tronquées,

Tout rappelle à nos cœurs un cruel souvenir,

Sans l'espoir consolant d'un meilleur avenir...

Cependant, de l'Europe aux confins de l'Asie,

Quand l'impiété vole avec l'apostasie,

Quand les mœurs, la vertu, quand la religion,

Sont voués au sarcasme, à la dérision;

Lorsque Memphis n'est plus et que Troie est en cendre,

Que si l'on parle encore du fameux Alexandre,

C'est parceque son nom par le ciel fut transmis

Au prince, du vrai Dieu digne d'être le fils;

Quand Athènes et Sparte, et Thèbes aux cent portes,

Ajax, Agamemnon et leurs fières cohortes,

Sont disparus avec tant de peuples divers,

Jérusalem debout, du Dieu de l'univers

Montre la cité sainte encore florissante,

Et peut-être bientôt chrétienne renaissante.

Oui, peut-être bientôt les peuples et les rois,
Pleins d'amour et de zèle, iront comme autrefois,
Au tombeau du Sauveur en saint pèlerinage,
Apporter leur encens, leurs vœux et leur hommage.
Oui, peut-être bientôt les temples des païens
Disparaîtront devant le signe des chrétiens !
Pour lors, Jérusalem, à ton Dieu reconquise,
Tu deviendras la gloire et l'orgueil de l'Église.

LE MATIN D'UN BEAU JOUR

ou

RÊVERIES RELIGIEUSES EN PLEINE CAMPAGNE.

Oh ! quel beau jour ! pas un nuage !
Quel air pur ! quel calme divin
Autour de moi règne sous ce feuillage
Que paraît embellir la fraîcheur du matin !

Hommage à toi, belle nature !
Lorsque tu sors de ton sommeil,
Tu découvres à ton réveil
La richesse de ta parure.

Tu charmes tous nos sens, tu parles à nos yeux ;
Et ton langage, au sein d'un sublime silence,
A pour nos cœurs cette noble éloquence
Qu'étale à nos regards la majesté des cieux.

Au milieu de nos champs, des beaux-arts, les ruines
Pour l'homme seraient sans attraits :
Là des grandeurs et des bontés divines
Il admire partout les immenses bienfaits.

Oh! quel beau jour! etc.

O bienheureuse destinée!
Qu'avec ravissement j'aspire cette odeur
Qu'autour de moi répand la fleur
Empreinte encor de la rosée!

De l'aurore je vois l'éclatant appareil
Qui va bientôt m'offrir l'admirable spectacle
Des portes d'or qu'entrouvre le soleil,
Dont il sort comme Dieu sort de son tabernacle.

Je vois ce bel astre du jour,
En répandant sur notre terre
Des flots abondants de lumière,
Répandre aussi pour Dieu des flots d'un pur amour.

Oh! quel beau jour! etc.

Mais déjà vont de la journée
Recommencer les utiles travaux ;
Déjà fuit l'heure fortunée
De ce calme divin qu'enfante le repos.

Hélas ! déjà l'heure est passée
De mon éphémère bonheur :
Mais je rends grâce au Créateur
Auquel je dois ma belle matinée.

Superbe jour, demeure sans nuage,
Et donne à tout le genre humain
Le bonheur que sous ce feuillage
Je goûte depuis ce matin.

PRIÈRE.

O Dieu puissant ! dans ma vieillesse
Je rappelle à mon souvenir
Ce temps coupable où le plaisir
Occupa tout seul ma jeunesse.
En vain me voyais-je entouré
    Des plus rares merveilles,
En vain avais-je savouré
Le miel succulent des abeilles,
En vain des fruits, en vain des fleurs
J'aspirais les parfums, les goûts et les saveurs ;
    En vain de toute la nature
    J'admirais l'éclat enchanteur,
Mon œil n'était ouvert que pour la créature,
    Et jamais pour le Créateur.
    Mon Dieu, pardonne à ma faiblesse,
    Pardonne à mon iniquité,
    Afin qu'à ta Divinité
Ce ne soit pas en vain qu'aujourd'hui je m'adresse.

Vois, ô mon Dieu, le repentir

Dont mon âme est atteinte :

Lis au fond de mon cœur le plus ardent désir

D'être soumis à ta volonté sainte.

Grâce, ô mon Dieu, grâce au pécheur

Qui se prosterne et s'humilie,

Et qui t'implore au doux nom de Marie,

La mère de tant de douleurs.

Et toi, Vierge consolatrice,

Toi, le refuge des pécheurs,

Sois mon guide et ma protectrice

Près de ton Fils, notre divin Sauveur.

CÉRÉMONIE
DU CALVAIRE,

Le 19 Septembre 1822.

A peine de ses feux l'aurore enchanteresse
Avait-elle éclairé la superbe Lutèce ;
A peine des marteaux, dont retentit l'airain,
Les coups annonçaient-ils les hymnes du matin,
Qu'un peuple tout entier, qu'un zèle saint anime,
Du Mont-Valérien gravit déjà la cime.
Ce peuple est précédé d'un cortège pompeux
De prêtres, de prélats, de lévites nombreux.
Rassemblés sous la croix, c'est elle qui les guide
Vers ces antiques lieux où l'Esprit-Saint réside ;
Qui furent de tous temps à lui seul consacrés,
Jusqu'à l'horrible jour où furent massacrés
Ces martyrs immortels, dont le noble courage,
Le vertus et les noms, passeront d'âge en âge.

Avant tous ces chrétiens, avant tous ces prélats
Se voit le labarum* porté par des soldats,
Dont les signes d'honneur nous attestent la gloire,
Et dont le front est ceint des mains de la victoire.
Fidèles à leur Dieu, fidèles à leur roi,
Mille braves comme eux, zélateurs de la foi,
Avec recueillement entourent l'oriflamme.
Ils marchent en triomphe : une céleste flamme
S'empare des esprits, embrase tous les cœurs.
Les palmes, les lauriers, les couronnes, les fleurs
Couvrent tous les chemins, que la foule innombrable
Parcourt, en se pressant vers la croix adorable.
Mais au sommet du mont, un autel préparé
Sous un vaste portique attend le bois sacré.
Il arrive ; aussitôt le peuple dans l'ivresse
Fait retentir les airs d'une sainte allégresse :
Ses prières, ses chants arrivent jusqu'aux cieux,
Et l'ange de la paix apparaît à ses yeux.
Il descend sur un char porté par un nuage :
Son éclat fait pâlir le jour sur son passage.
Des instruments, des voix les sublimes concerts,
Partent de ces nuages, et remplissent les airs.
Le doux parfum des fleurs s'unit à l'harmonie,
Et le peuple, étonné, regarde et s'humilie.
Cependant sur l'autel l'ange s'est arrêté,
Dans un profond respect, du peuple est écouté.

* Espèce d'étendard que l'on portait autrefois à la tête des pro-
cessions et que remplace de nos jours la bannière.

Il parle, et dit : « Chrétiens, la colère céleste,
Qui longtemps fut pour vous terrible et si funeste,
S'apaise dans ce jour : le ciel entend vos vœux ;
Je suis du Tout-Puissant le messager heureux ;
Je vous porte la paix ; et Dieu, qui vous l'envoie,
Comblera vos enfants d'une éternelle joie :
Ils verront les fauteurs des temples renversés,
En tous lieux poursuivis, punis et dispersés.
Ils verront nos autels, grâce aux bontés divines,
Sortir de toutes parts du sein de leurs ruines.
Enfin, sous les Bourbons, sous les meilleurs des rois,
Ils verront désormais l'Évangile et ses lois,
Refleurir, consoler, régénérer la terre. »
L'éclair brille à ces mots, et le bruit du tonnerre
Apprend dans le moment au peuple rassemblé
Que l'ange du Seigneur aux cieux est remonté.
Mille voix à l'instant, qu'anime l'espérance,
Font entendre ces cris de la reconnaissance :
Honneur, cent fois honneur au Dieu des nations ;
Amour, gloire, bonheur, paix à tous les Bourbons ! *

* Cette improvisation date de l'époque où les paroisses de la capitale allaient en procession, au mois de mai, faire une station au Calvaire ; j'ai cru ne devoir rien changer à cette pièce parceque notre roi étant aussi un Bourbon, les vœux que le peuple adresse au ciel pour cette famille s'adressent de même à lui.

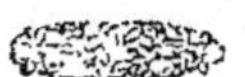

Mon lever à Bicoque[*].

PRIÈRE.

Quand les premiers rayons de la naissante aurore
Commencent d'éclairer mon modeste séjour,
Du village voisin une cloche sonore
Me fait penser à Dieu, rêver à son amour.

Je suis tout yeux et tout oreille :
L'éclat brillant, le parfum de la fleur,
Le bourdonnement de l'abeille,
De la nature la fraîcheur,
De l'univers l'étonnante merveille
Me ramènent au Créateur,
Et de sa bonté nonpareille
Pénètrent à la fois mon esprit et mon cœur.
Bientôt l'astre du jour commence sa carrière,
Et de ses feux ardents réchauffe l'horizon.

* Bicoque est une chaumière au milieu des champs ; derrière est un petit bosquet de noisetiers, sur le côté une ruche. Elle est environnée d'une haie fort basse qui laisse apercevoir la campagne ; on voit dans le lointain le clocher d'un village ; le devant de la chaumière est au levant et les premiers rayons du soleil en frappent la porte.

Mon œil ravi ne peut fixer de sa lumière
La brillante clarté ni le moindre rayon ;
Mais il s'aperçoit que la terre
A l'aspect du soleil prend un lustre nouveau,
Qu'il en est l'âme et le flambeau
Qui la féconde et qui l'éclaire.
Un saint respect alors s'empare de mes sens :
Je me prosterne aux pieds de cet Être suprême
Qui répand à tous les instants
Ses dons et ses faveurs sur ce monde qu'il aime.
« Dieu tout-puissant ! lui dis-je avec ferveur :
« Pardonne à mes erreurs, accorde-moi ta grâce,
« Et dans ton sein, auprès de toi, Seigneur,
« Daigne à jamais m'accorder une place. »

AGAR

DANS LE DÉSERT*.

(Poème Lyrique.)

De la fière Sara les vœux étaient remplis,
La nuit voilait les cieux; dans le désert mourante,
L'humble Agar, d'Abraham victime obéissante,
Ne craignait que les coups qui menaçaient son fils.
        Paisible comme l'innocence,
        Son Ismaël dormait sur ses genoux;
Ignorant que le ciel proscrivait son enfance,
Tranquille, il se livrait au sommeil le plus doux.
        Agar, dans sa douleur mortelle,
        Soupirait et disait ces mots,
            Qu'en soupirant les échos
            Redisaient après elle :
        « Dors, mon enfant, prolonge ton sommeil,
        Crains de rouvrir ta débile paupière,

---

* Je traitai ce même sujet il y a vingt-cinq ans, avant ma cécité; je mis ce petit travail dans mon portefeuille et je l'y retrouve; toutefois en l'entendant lire je ne le reconnais pas, et si j'insère ce morceau dans ce recueil c'est qu'il me semble offrir quelque intérêt, mais je n'ose affirmer qu'il soit de moi.

Et quand viendra l'instant de ton réveil,
Garde-toi bien de demander ton père....
Loin de sa tente, asile paternel,
Il te repousse, il chasse aussi ta mère;
Le triste exil et l'abandon cruel
Sont réservés au fils de l'étrangère.
Sara triomphe!... O mon cher Ismaël!
La pauvre Agar, plaintive solitaire,
Elève en vain son regard vers le Ciel.
Le Ciel se tait ou parle pour ton frère.
Dors, mon enfant, prolonge ton sommeil;
Crains de rouvrir ta débile paupière,
Et quand viendra l'instant de ton réveil,
Garde-toi bien de demander ton père.... »
Elle disait, et déjà du matin
L'astre brillant, précurseur de l'aurore,
Frappe les cieux d'un éclat incertain;
Des feux du jour l'horizon se colore,
   Et le soleil en sa splendeur
Vient éclairer la scène du malheur.
Ismaël se réveille, il demande son père,
   Son père ne lui répond pas....
   Et la pressant entre ses bras,
   L'enfant interroge sa mère.
La triste Agar, en proie aux plus noires terreurs,
Cherche à le rassurer et répond par des pleurs;
Ce soleil du désert, ces vastes mers de sable,
Contre l'enfant proscrit tout semble conjuré;

Il pousse un accent lamentable
Et tourne autour de lui son regard égaré.
Déjà l'ardente soif dont il est dévoré
Brûle sa bouche desséchée ;
Ismaël, la tête penchée,
Ne répand plus de pleurs, ne jette plus de cris ;
Il tombe : une pâleur mortelle
Couvre son front livide ; il se lève, il chancelle,
Retombe et ferme au jour ses yeux appesantis.
Agar fait retentir le désert de sa plainte ;
Tantôt, ses yeux élevés vers le ciel,
Ses yeux tantôt fixés sur Ismaël,
Expriment les tourments dont son âme est atteinte,
Et ses vœux en ces mots montent vers l'Eternel :
« Dieu qui formas le cœur des mères,
C'est une mère en pleurs qui t'implore en ce jour ;
Toi seul peux concevoir l'excès de mon amour,
Toi seul peux concevoir l'excès de mes misères :
Vois ma détresse, entends mes cris...
Dieu d'Abraham, Dieu que j'adore,
Mon fils se meurt, sauve mon fils ;
Que mon cœur te le doive encore !...
Ismaël faible, abandonné,
N'a que ta main pour le défendre ;
Serait-ce pour me le reprendre
Que ta bonté me l'a donné ?
Mais, ô Dieu !... sa pâleur augmente !
C'en est fait, et mes cris, mes pleurs sont superflus :

Mon fils! mon fils est mort!... Il ne respire plus. »
Agar se tait; muette, défaillante,
A côté de son fils elle tombe mourante :
Sa voix expire en sanglots douloureux.
Sur le sable étendue,
N'osant plus vers son fils porter encor sa vue,
Ce n'est que sur le ciel qu'elle attache ses yeux.
Soudain de la céleste voûte
Descend l'ange consolateur,
Qui des infortunés apaise la douleur;
D'un rayon lumineux il a tracé sa route.
« Le cri de ta détresse est monté jusqu'à Dieu :
Relève, lui dit-il, ta tête languissante;
Ouvre les yeux, et vois cette onde bienfaisante
Que pour toi sa faveur fait jaillir en ce lieu;
Celui qui sait placer une eau féconde et pure
Dans les sables brûlants des arides déserts,
Celui qui d'un seul mot a créé l'univers,
Celui qui d'un regard commande à la nature,
Dieu, veille sur ton Ismaël.
L'heure des pleurs est écoulée;
Oui, que ton âme consolée
Soit désormais calme comme un beau ciel.
Vois ton fils renaître à la vie,
Ainsi qu'on voit la fleur,
Par le soleil flétrie,
Reprendre au vent du soir sa grâce et sa fraîcheur.
Dieu le guidera dans sa voie

Du haut de son trône éternel,
Et par lui d'une longue joie
Remplira ton cœur maternel.
A l'abri du torrent des âges,
Cet arbre toujours florissant
Verra naître d'épais feuillages
De son tronc toujours renaissant.
Tu viendras, dans ton allégresse,
Compter les rejetons nouveaux,
Et sous leur ombre ta vieillesse
Jouira d'un profond repos. »
Il dit et disparaît : de ses larmes amères
Agar a recueilli le prix ;
Elle tombe à genoux en embrassant son fils,
Et rend grâces à Dieu qui console les mères.

VERS IMPROVISÉS

AU CIMETIÈRE DU P. LACHAISE.

Monuments orgueilleux d'une gloire éclipsée,
Qu'offrez-vous maintenant à ma triste pensée ?
Le muet souvenir du rêve d'un moment,
Qui de notre existence atteste le néant.
Mortels, que sommes-nous ? des ombres passagères
Que dissipe et fait naître un rayon de soleil ;
Des atomes brillants, des vapeurs mensongères
Que le sommeil enfante et détruit le réveil.
Où sont ces potentats, ces fléaux de la terre,
Dont le nom seul au peuple en savait imposer ?
Ces conquérants si fiers qui pouvaient tout oser,
Que sont-ils devenus ?... quelques grains de poussière.
Admirable leçon de la Divinité,
Qui prouve d'ici-bas la juste égalité,

Quand l'homme ne fournit, au bout de sa carrière,
Que des titres, un nom, une vertu vulgaire ;
Mais si quelque vertu, digne d'un meilleur sort,
Distingue éminemment cet homme après sa mort,
Cette poussière, alors, au grand jour ranimée,
Qu'elle soit ou du pauvre ou du riche en honneur,
Du Dieu de l'univers dont elle fut aimée,
Reçoit la palme d'or des mains du Créateur.
Alors, d'un seul regard, il détruit ces murailles,
Ces marbres, ces tombeaux, pompes des funérailles,
Punit le sot orgueil comme il l'a mérité,
Et place la vertu modeste à son côté.

A M. DUVERDIER,

CURÉ DE BOURG-LA-REINE.

C'est vous, mon cher pasteur; vos prières, vos vœux,
Qui me donnent la paix que je goûte en ces lieux,
Vos bontés, vos vertus, et surtout votre exemple,
De mon joli manoir ont presque fait un temple,
Où chaque jour, aux pieds de la Divinité,
Je me plais à prier avec hŭmilité.
Vous, du Dieu tout-puissant que j'adore et que j'aime
Le zélé serviteur, le ministre suprême,
Par vos sages conseils vous préparez mon cœur
A mériter un jour la grâce du Seigneur.
Le doux, le bienfaisant, le noble caractère
Qui, se faisant à tout, sait aimer et sait plaire,
Le Ciel vous le donna, pour que votre troupeau
Trouve en vous seul le père et l'appui du hameau.

Soyez le mien aussi, pasteur si vénérable :
Vous, d'entre les humains l'homme le plus aimable,
Voyez à vos genoux un fils que le remords
Ronge insensiblement et conduit à la mort ;
Disposez ses esprits, déversez dans son âme
Ce feu si vif, si pur, qui toujours vous enflamme ;
Sans cesse montrez-lui notre divin Sauveur
Expirant sur la croix pour sauver le pécheur ;
Montrez-lui tout l'espoir qu'il a le droit d'attendre,
Si désormais il peut du péché se défendre ;
Par vos soins généreux, tendres, consolateurs,
Il verra s'éclipser ses fautes, ses malheurs ;
Et peut-être qu'un jour, grâces au Ciel propice,
Il pourra du Seigneur apaiser la justice.

STANCES

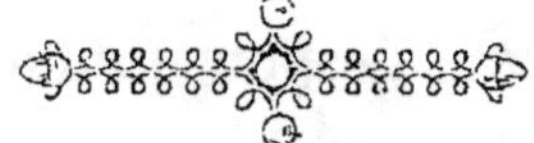

Elle n'est plus, hélas! cette fille chérie,
Qui fut, de tous les temps, l'idole de mon cœur!
Loin d'elle, dans le deuil, j'ai vu couler ma vie,
Et sa mort met le comble à ma juste douleur.

Tout s'efface ici-bas, hors la douleur d'un père,
Qui perd l'unique enfant, objet de son amour.
C'est un mal sans remède, un mal que rien n'altère,
Qui peut se concentrer, mais s'accroît chaque jour.

Berthille était encore à l'été de son âge;
Son esprit en tous lieux la faisait désirer;
Un naturel heureux était son apanage,
Et ses rares vertus la faisaient adorer.

Comme la fleur des champs ou celle du parterre,
Que le soleil a fait briller quelques instants,

"

Berthille n'a paru qu'un moment sur la terre,
Et disparut soudain du nombre des vivants.

O Mort ! tout est soumis à ton cruel empire :
Age, fortune, rang, tout fléchit sous tes lois,
Et, sous ta faux, le sage ou l'homme qui délire
Succombent tour à tour ou meurent à la fois.

Heureux celui qui peut, ainsi que ma Berthille,
Sans crainte t'approcher et sans frémir te voir ;
Son cœur est calme, pur, et son âme tranquille
S'envole dans les cieux prêts à la recevoir.

Oui, ma fille, aujourd'hui dans la cité céleste
Tu vas goûter en paix le prix de tes vertus.
Cet espoir me console : il est le seul qui reste
A mon cœur déchiré depuis que tu n'es plus.

O Berthille ! jouis du fruit de ta sagesse ;
Fais rejaillir l'éclat dont tu brilles aux cieux
Sur l'époux, les enfants, objets de ta tendresse,
Et sur les cheveux blancs d'un père malheureux.

Adieu, ma fille, adieu ! Si le ciel veut m'entendre,
Je porterai mes pas sur les bords de l'Hérau ;
A ta cendre j'irai mêler ma triste cendre,
Et, près de toi, chercher le bonheur au tombeau.

Naguère je voulais abandonner ma lyre,
La suspendre au rameau d'un funèbre cyprès ;

Mais elle peut encor répéter et redire
Le nom de ma Berthille, ainsi que mes regrets.

Je veux la consacrer à ce pieux usage;
De ses accords plaintifs retentiront nos bois,
Et Philomèle émue unira son ramage
Aux accents douloureux de ma tremblante voix.

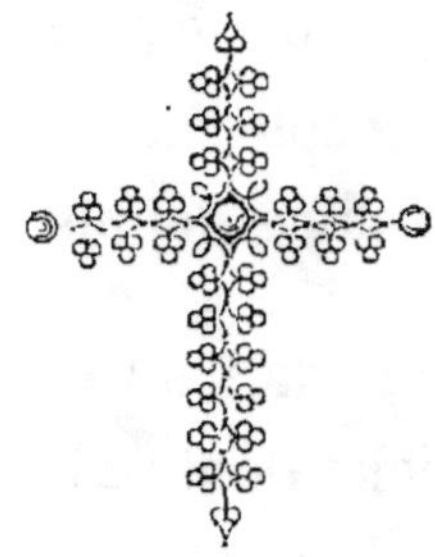

ADIEU

AU TOMBEAU DE MA FILLE.

Dors en paix, ma chère Berthille,
Ton réveil doit être doux :
Toujours ton âme fut tranquille,
Jamais Dieu contre toi ne montra de courroux.
Dors en paix, la nuit éternelle
N'est pas faite pour toi :
Celle qui fut pleine de foi
Peut espérer une gloire immortelle.
Ah ! si le Très-Haut dans les cieux
Un jour auprès de lui t'appelle,
O ma fille ! prie avec zèle
Pour ton père ici-bas désormais malheureux.
Le Ciel exaucera ton ardente prière,
Abrégera mes trop pénibles jours,
Et dans son sein, à mon heure dernière,
A toi m'unira pour toujours.
Adieu, ma fille, sur ta cendre
Je sens accroître ma douleur ;
Adieu…. que ne peux-tu l'entendre….
Cet adieu trop cruel qui déchire mon cœur !

PRIÈRE

SUR L'ANNIVERSAIRE DE LA MORT DE MA FILLE.

Jour affreux pour mon cœur, fatal anniversaire !
Je viens te célébrer à l'ombre de l'autel ;
Je viens offrir à Dieu mes vœux et ma prière,
Pour qu'il donne à Berthille un repos éternel.

Reçois-la dans ton sein, Dieu de bonté suprême !
Elle fut de tout temps digne de tes bienfaits,
Contre tes ennemis prononça l'anathême,
Et chercha dans toi seul le bonheur et la paix.

O mon Dieu ! tu le sais, elle passa sa vie
A louer ton saint nom, à propager ta foi,
Et sut, par ses vertus, arracher une amie
Aux perfides erreurs qui l'éloignaient de toi.

Conserve, Dieu puissant, sa nombreuse famille !
Fais-y germer l'amour de ta divinité,
Et permets que bientôt et le père et la fille
Possèdent à tes pieds l'heureuse éternité.

Et toi, vierge sans tache, adorable Marie,
Soutien des affligés, refuge du pécheur,
Dans ce jour solennel, à ma fille chérie
Daigne servir d'appui près du divin Sauveur !

LA VIE EST UN SONGE.

Moralité Chrétienne.

L'homme, semblable aux fleurs
Que la naissante aurore
Arrose de ses pleurs,
Naît le matin, le soir se décolore,
Tombe, languit, meurt au plaisir,
Conservant de la vie à peine un souvenir.
Dans le monde tout n'est qu'erreur et que mensonge;
L'homme n'est rien, et la vie est un songe.
Jetez les yeux sur ce vieillard :
Sous la faux de la mort, au moment qu'il succombe,
Le passé n'est pour lui qu'un vain jeu du hasard,
Et le présent ne montre à ses yeux que la tombe.
Mais quel blasphême! quelle erreur!
Le hasard seul ne guide pas sur terre
L'homme dont les vertus et l'âme noble et fière
Ont su le rapprocher de son divin auteur.
Non! la tombe n'est pas son unique espérance,
La main du Tout-Puissant veille ici-bas sur lui;
Elle est de sa vertu le soutien et l'appui;
Après sa mort le Ciel en est la récompense!

IMPROVISATION

A SAINT-JULES.

Qu'éprouvé-je, ô mon Dieu! dans le fond de mon âme?
Quelle sainte ferveur et quelle ardente flamme
Me brûlent de leurs feux, s'emparent de mes sens?
Non, ce n'est point le son de simples instruments
Dont le charme trompeur aurait pu me séduire;
C'est la voix du Seigneur qui cherche à me conduire
Dans les sentiers heureux d'une pure vertu,
Contre laquelle, hélas! j'ai longtemps combattu.
Cette douce harmonie est le concert des anges,
Qui m'invite à chanter le nom et les louanges
Du Dieu qui dans mon cœur veut entrer aujourd'hui,
Et qui veut pour toujours me ramener à lui.
Ce ne sont pas les cors, la trompette guerrière,
Qui jadis me jetaient au milieu des combats :
C'est le Dieu d'Évoha, c'est le Dieu de lumière
Qui m'appelle et me dit : « Je veux guider tes pas! »

Oui, je suivrai, Seigneur, ta volonté suprême,
Et, plein de ton amour et m'oubliant moi-même,
J'irai me prosterner au pied de tes autels
Et te renouveler mes serments solennels ;
J'irai, par la prière et par la pénitence,
Réparer, s'il se peut, mes torts et mon offense,
Et trouver, dans le sein de ta divinité,
Le pardon que toujours accorde ta bonté.

MA SOLITUDE.

Le silence des champs est pour moi plein de charmes ;
Il calme tous mes sens, il attendrit mon cœur,
Sur la bonté du Ciel m'obtient de douces larmes,
Et me donne à la fois la paix et le bonheur !

Admirable pouvoir de la belle nature,
Tu nous offres partout un spectacle divin,
Et l'athée incrédule, à lui-même parjure,
Retrouve en toi son maître et son Dieu dans ton sein.

Impie adulateur de sa philosophie,
Qui depuis si longtemps nous causes tant de maux,
Viens habiter les champs, et la haine et l'envie
N'oseront plus troubler ta vie et ton repos.

Tout à l'homme sensé plaît dans la solitude ;
Comme le jour d'hier est celui d'aujourd'hui ;
Exempt de tout remords, il vit sans inquiétude,
Et du Temps la faux tombe et s'arrête pour lui !

Réflexions

FAITES AU LUXEMBOURG.

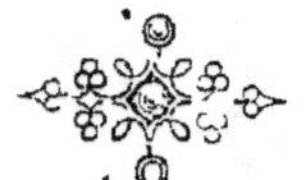

Quel silence profond règne dans cette enceinte !
J'entends à peine au loin quelque bruit de passants,
Et le parfum des fleurs, apporté par les vents,
    Dans tous mes sens laisse une douce étreinte.
    Si le Très-Haut, propice à tous mes vœux,
    Pour un moment me rendait la lumière,
Je verrais du soleil commencer la carrière ;
    J'admirerais la majesté des cieux,
    Et plein d'amour, prosterné devant eux,
J'adresserais à Dieu cette prière :
      « Dieu tout-puissant, Dieu de bonté,
      « Jusqu'à mon heure dernière,
« Conserve-moi du jour l'ineffable clarté ! »
    Mais vain espoir ! douleur profonde !
    Je l'ai sans doute mérité ;
      Pour toujours de ce monde
      Je suis déshérité !

PRIÈRE

SUR LA DURÉE DE LA VIE.

Comme sur la prairie
Passe un zéphir léger,
J'ai vu passer ma vie
Presque sans y songer.
J'ai cru que sa durée,
Comme le temps sans fin,
Aussitôt achevée,
Recommence soudain ;
Mais devenu plus sage,
Pensant à notre sort,
J'ai su bientôt que l'âge
Nous conduit à la mort.
La mort ! Elle ne peut atteindre
Que l'homme lâche et criminel :
Au sein de Dieu vit sans la craindre
L'honnête et vertueux mortel.

Dieu puissant, je t'implore :
Que ton divin flambeau
Brille à mes yeux encore
Aux portes du tombeau ;
Que ta bonté céleste
Entoure mes vieux jours,
Et qu'à ta loi je reste
Fidèle pour toujours.

IMPROVISATION

Le jour de l'inauguration d'une cloche de plus à l'Église de Dravey, village sur le bord de la Seine.

Quel son a frappé mon oreille ?
L'airain sacré retentit dans les airs !...
Peuple, redoublez vos concerts
Pour chanter la grandeur, la gloire sans pareille
Du Créateur de l'univers.
De Dravey race infortunée,
Qui n'a pas connu votre sort !
Longtemps le crêpe de la mort
Voila votre belle contrée :
De vos cénobites pieux
La retraite fut dévastée* ;
De leur église abandonnée
Furent bannis les chants mélodieux ;
Et la religion méprisée,
Partout honnie et partout délaissée,
Ne porta plus jusques aux cieux
Votre hommage et votre pensée,

* Il y avait autrefois dans la forêt de Sénart un couvent de religieux qui fabriquaient une belle étoffe en soie et coton appelée *sénardine*. Cette étoffe a disparu avec le couvent.

Ni vos prières ni vos vœux.
Mais dans cette heureuse journée,
Sur votre riante-vallée
Le Ciel a répandu ses dons ;
Du haut de votre basilique
S'échappent mille et mille sons,
Et de sa nef, de son portique,
Cloches et voix, à l'unisson,
Font, de leurs timbres magnifiques
Et de leurs célestes cantiques,
Résonner le vaste horizon.
Oui, déjà dans les campagnes
L'écho fidèle des montagnes
Apprend aux peuples satisfaits
Que la religion auguste,
Effroi du vice, espoir du juste,
Parmi nous renaît à jamais.
Oui, désormais, heureux rivages,
De vos clochers les sons harmonieux
Par les vents répandus, portés par les nuages,
Annonceront aux peuples de ces lieux
Les jours et les moments dignes de leurs hommages.
Ces divins sons les avertiront tous,
Et, prosternés à deux genoux,
Ces vallons fortunés que l'œil charmé contemple
Deviendront à l'instant un seul et même temple,
D'où jusqu'aux pieds de l'Éternel
S'élèvera des cœurs le tribut solennel !

INVOCATION

DANS LA NUIT DU MARDI AU MERCREDI

JOUR DE NOEL

La voilà qui finit cette fatale année
Qui fut de tous mes ans la plus infortunée,
Où presqu'en même temps je perdis tour à tour
Le repos, le bonheur et la clarté du jour.
A tes décrets, grand Dieu ! mon âme est résignée :
Daigne fixer enfin ma triste destinée,
Reçois-moi dans le sein de ta divinité,
Exauce-moi, grand Dieu ! j'implore ta bonté.
J'ai depuis bien longtemps mérité ta colère ;
A mes fautes je dois ma honteuse misère ;
Faut-il, pour les absoudre ou pour les expier,
Comme le pauvre Job mourir sur un fumier ?
Ordonne-le, Seigneur ; que ma tête abaissée
Apprenne à détester sa vanité passée ;

Que sur moi ton courroux éclate sans pitié ;
Qu'aux yeux de l'univers je sois humilié ;
Qu'en un mot, accablé du poids de ta justice,
Je sois à ta vengeance offert en sacrifice !
Frappe, frappe, Seigneur ; je bénirai mon sort,
Si je puis en chrétien arriver à la mort ;
Si par mon repentir et par la pénitence
J'obtiens ou ton pardon ou du moins ta clémence.

LES CHARMES DE LA NUIT.

OU

LE TOMBEAU DE MON PÈRE.

Charme puissant des nuits, ô sublime silence !
Du Dieu de l'univers admirable éloquence !
Tu reposes les sens, tu portes dans le cœur
Du calme et de la paix l'ineffable douceur ;
Tout en toi nous ravit, soit qu'à l'œil se présente
Des magnifiques cieux la voûte étincelante ;
Soit que de ton flambeau les timides rayons
Guident nos pas tremblants à travers les sillons,
Au milieu des forêts, ou bien dans ces demeures
Où tous les souvenirs font oublier les heures ;
Ou qu'enfin la pensée, émanant de ton sein,
Nous montre le néant de tout le genre humain.
O nuit ! protège-moi de tes paisibles ombres !
Je veux me recueillir sous ces feuillages sombres.
C'est ici, c'est au pied de ce triste bouleau
Que d'un père chéri je plaçai le tombeau !

Je veux m'entretenir encore avec sa cendre....
Ombre chère à mon cœur ! que ne peux-tu m'entendre !
Que ne peux-tu le voir ce fils si malheureux
Qui t'appelle sans cesse et te demande aux cieux ;
Dont les plaintes, les pleurs apprennent à la terre
Qu'on ne retrouve pas l'âme et le cœur d'un père !
Oui, malheur au mortel qui du plus pur amour
N'entoure pas celui qui lui donna le jour !
Il ne sentira point le prix des douces larmes ;
Il ne connaîtra pas la vertu ni ses charmes ;
N'aura jamais du ciel la puissante faveur ;
Il vivra sans plaisir et mourra sans honneur.
O mon père ! ton fils n'aura point cette crainte !
Tant que la vie en moi ne sera pas éteinte,
Tes vertus et ton nom, ton tendre souvenir,
Seront mon seul bonheur, mon unique plaisir !
Et lorsqu'obéissant aux volontés célestes,
La mort engloutira mes inutiles restes,
J'espérerai qu'un jour, dans le sein du Seigneur,
Je rejoindrai mon père au séjour du bonheur.
Mais déjà de la nuit s'éclaircissent les voiles ;
Déjà du firmament s'éclipsent les étoiles,
Et ce tombeau, naguère arrosé de mes pleurs,
M'apparaît entouré de verdure et de fleurs ;
L'Aurore, en l'éclairant, m'y fit voir la pensée
A la jacinthe, au lys, à la rose mêlée ;
Ce lys qui si longtemps fut l'amour des Français
Et devait se flatter de ne périr jamais,

De mon père toujours fut la plante chérie :
Il a perdu pour elle et son sang et sa vie ;
De sa tombe aujourd'hui sort cette aimable fleur
Comme gage d'amour, comme tribut d'honneur !
O suprême justice ! ô divine puissance !
C'est ainsi que ta main protège, récompense
Celui dont les vertus laissent à l'avenir
Un honorable exemple, un noble souvenir ;
C'est ainsi qu'aujourd'hui je crois revoir mon père
En voyant cette fleur qui jadis lui fut chère.
Ombre adorée, adieu ! j'éprouve en te quittant
Une secrète joie, un doux pressentiment !
Quand par la main du ciel une tombe est ornée,
Du corps qu'elle renferme on sait la destinée.

Prière.

Dieu dé Jacob ! Dieu de mes pères !
Toi que j'invoque en mes prières,
Toi qui des faibles es l'appui,
Daigne m'écouter aujourd'hui !
Couvert de fange et de poussière,
Et de honte et d'iniquité,
Je viens implorer ta bonté
Pour mon heure dernière.
En me privant de la lumière,
Tu n'as point voulu me punir,
Mais bien m'aider à mieux finir
Ma trop longue carrière.
Dieu tout-puissant ! arrache de mon cœur
Cette racine si profonde
Qui des vanités de ce monde
Me fait encor aimer l'erreur.

LE REPENTIR.

Dieu de bonté, Dieu de clémence,
J'invoque aujourd'hui ta puissance;
Viens pénétrer d'une sainte ferveur
Et mon esprit et mon fragile cœur :
Viens, viens allumer dans mon âme
Cette ardente et céleste flamme
Qui pour toi seul me fasse chaque jour
Brûler d'un pur et d'un constant amour.

Pour consoler ma vieillesse,
De ma trop fougueuse jeunesse
Daigne effacer jusques au souvenir;
Inspire-moi le plus vrai repentir,
Et, dans le jour de ta vengeance,
N'impose d'autre pénitence
A mes péchés, à toutes mes erreurs,
Que mes regrets, que ma honte et mes pleurs.

Qu'ai-je dit?... hélas! plus je pense
A mes crimes, à mon offense,
A ma tiédeur, à mon anxiété,
A mon parjure, à mon impiété,
Et plus je sens que la prière,
Que le cilice, que la haire,
Peuvent eux seuls, à mes derniers moments,
Faire adoucir tes justes châtiments.

Mais c'est en vain que je l'espère,
J'ai trop excité ta colère;
J'ai trop souvent dédaigné tes bienfaits,
Pour me flatter de pouvoir désormais
Avoir part à ton indulgence,
Et me montrer en ta présence
Avec le calme et la sécurité
D'un cœur rempli de ta divinité.

Non, ma misère épouvantable,
Le remords même qui m'accable,
Ne peuvent plus te rapprocher de moi.
Frappe, grand Dieu! punis et venge-toi!
J'entends sur ma tête coupable
Gronder la foudre redoutable;
Tonne, grand Dieu! frappe en moi le mortel
Le plus ingrat et le plus criminel!...

LE BOSQUET.

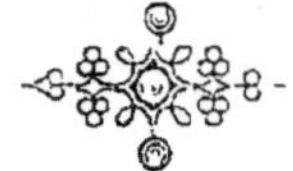

Dans ce bosquet que j'ai planté
J'aime à venir, rêveur et solitaire,
Célébrer les bienfaits de ce Dieu de bonté
Auquel à chaque instant j'adresse ma prière.
J'aime à venir avant le lever du soleil
Entendre au loin la cloche matinale
Humer des fleurs la saveur sans égale,
Enfin de la nature admirer le réveil.
L'air est frais, le ciel pur, l'onde à peine murmure,
Tout doucement gazouillent les oiseaux,
Et le zéphir qui glisse à travers les rameaux
De son souffle léger rafraîchit la verdure.
Heureux moment! que tu plais à mon cœur!
Tu réchauffes mon âme et redoubles mon être,
De l'univers tu m'annonces le maître,
Et je tombe aux genoux du divin Créateur.

LE TRIOMPHE DE LA CROIX

ou

LA GRÈCE DÉLIVRÉE*.

Chrétiens, accourez tous, et vous, brave jeunesse,
Arborez sur vos cœurs l'étendard de la croix ;
Marchez : et vous verrez, pour défendre la Grèce,
Tous les peuples s'unir et répondre à ma voix.

Vous verrez des Français le héros magnanime,
Conduit par la Victoire et guidé par l'Honneur,
Jaloux de partager l'ardeur qui vous anime,
Et porter sur ses pas la gloire et le bonheur.

A la tête des preux qu'illustra leur vaillance,
Des fidèles, soumis à notre sainte loi,
Marchera ce Bourbon, ce père de la France,
Qu'elle s'enorgueillit de posséder pour roi.

Tremblez alors, vizirs, et vous, princes féroces,
Barbares oppresseurs et modernes Titans ;

* Ces stances furent faites à l'époque de l'invasion de la Grèce
par les Turcs.

Le ciel, pour vous punir de vos crimes atroces,
Fera crouler sur vous le trône des sultans.

Leurs armes, leurs efforts deviendront inutiles;
Le monde entier contre eux aura tourné ses bras;
Leurs soldats trouveront partout des Thermopyles,
Et chaque Grec pour eux sera Léonidas.

Les cendres de Scio, d'Ipsara la mémoire,
Du Turc attesteront le crime et la fureur;
Et son nom détesté, recueilli par l'histoire,
Fera pâlir de crainte et reculer d'horreur.

La France aura parlé. L'invincible Morée
Recevra nos croisés. La mer de l'Archipel
Du joug de ses tyrans se verra délivrée,
Et le plus pur encens fumera sur l'autel.

Dans les murs étonnés de l'antique Byzance
Triompheront la Croix, et le Christ et les siens;
Et de Jérusalem l'heureuse délivrance
Nous rendra le tombeau du Sauveur des chrétiens.

Ainsi, de nos croisés s'accomplira l'ouvrage;
Et la sainte cité, rendue à nos désirs,
Sera pour les Français un nouveau témoignage
De leurs droits immortels aux plus grands souvenirs.

HOTEL-DIEU

DE PARIS.

L'Hôtel-Dieu de Paris est le plus grand hospice
Ouvert à l'infortune, à tous les maux propice :
Là toutes les vertus, la tendre humanité,
Des souffrances, des maux et de l'adversité,
Soulagent la douleur, adoucissent les peines,
Arrachent à la mort des victimes certaines !
C'est là que par leurs soins les filles du Seigneur
Font au pauvre souvent oublier son malheur,
Et portent de ce Dieu qui règne dans leur âme
Jusqu'au lit du mourant l'amour qui les enflamme.
Que de réflexions et que de sentiments
Inspirent aux bons cœurs des soins aussi touchants !
Quels charmes n'offre point le souvenir aimable
De ce que nous devons à ce sexe adorable,
Qui dans ses bras charmants nous reçoit au berceau,
Et de qui la bonté nous suit jusqu'au tombeau !
Admirez dans l'enfance une sœur près d'un frère
Devenir chaque jour l'émule de sa mère ;

Contemplez-la plus tard auprès de son époux,
Faisant de le servir son bonheur le plus doux ;
Et lorsque le malheur vient accabler un père,
C'est encore une femme, une fille bien chère
Qui volent aussitôt, viennent à son secours,
L'aident à supporter l'ennui de ses vieux jours ;
Et quand enfin pour lui sonne l'heure dernière,
Avec un saint respect lui ferment la paupière.
O femmes ! qui pourrait ne pas vous admirer ?
Quel est l'ingrat qui peut ne pas vous adorer ?
Vous êtes des vertus l'exemple et le modèle ;
L'humanité doit tout à votre pieux zèle,
Et le bonheur, le ciel que nous appelons tous
Dans le monde toujours se trouve auprès de vous.

ESPÉRANCE ET BONHEUR.

En Dieu seul est l'espérance,
En Dieu seul est le bonheur;
Lui seul peut de la souffrance
Calmer d'un mot la douleur.
Comme le miel de l'abeille
Nous charme par sa douceur,
Ainsi charment notre oreille
Les paroles du Sauveur.
Devant la croix adorable
S'il se prosterne un pécheur,
Fût-il mille fois coupable,
Quand il prie avec ferveur,
Il est sûr d'avoir sa grâce,
Et d'obtenir du Seigneur
Qu'il ne reste aucune trace
De ses péchés dans son cœur.
Mon Dieu ! ta grâce divine
Est pour notre humanité
Une inépuisable mine

D'indulgence et de bonté :
Madeleine pécheresse
Obtient de toi le pardon
Des fautes de sa jeunesse,
De son coupable abandon ;
Le trop malheureux saint Pierre,
Qui trois fois te renia,
Devint la pierre angulaire
De l'Eglise qu'il fonda ;
Et moi, par la pénitence,
Et par un vrai repentir,
Ne puis-je avec confiance
Attendre en paix l'avenir ?
Mon Dieu ! tu l'as dit toi-même,
Ainsi tu l'as ordonné,
Qu'à celui qui beaucoup aime
Il soit beaucoup pardonné.
Je t'aimais toute la vie,
Et j'éprouve chaque jour
Qu'aux cieux mon âme est ravie
En pensant à mon amour.

LA VIERGE AU VOILE D'OR

OU

LA JEUNE NOVICE.

La jeune Edwige était encor novice
Et mettait beaucoup de froideur
Pour embrasser le voile à la vertu propice,
Et pour toujours s'adonner au Seigneur.
Elle avait pour son confesseur
Un vénérable père,
Dont les vertus, le caractère,
Du ciel sur le couvent attiraient la faveur.
Un jour qu'Edwige avait son âme pressurée,
Et qu'elle ouvrait au père entièrement son cœur...
Celui-ci d'une voix touchante, mesurée,
Lui dit : « Ecoutez-moi... retenez bien, ma sœur...
La vie et les plaisirs du monde
Sont une mer qu'agitent tous les vents ;
Ils sont prêts, à tous les moments,
A nous ensevelir dans une nuit profonde ;

Mais la vie au couvent est semblable à cette onde
Qui coule sur un pré toujours couvert de fleurs.
Le ciel répand ici cette grâce féconde
Qui remplit l'âme de douceurs.
Dans le monde tout est mensonge,
La vie est une nullité ;
La vie ici s'écoule et se prolonge
Au sein de la Divinité.
Les jours sont purs, les nuits tranquilles,
Et lorsque le sommeil
Cède à de pieux chants, des voix fraîches, dociles,
Nous procurent un doux réveil. »
Edwige, interrompant à ces mots le bon prêtre,
Lui dit : « Mon père, ce tableau
A produit sur mon cœur un effet tout nouveau,
Et je suis pour toujours à notre divin Maître.
— Fort bien, ma chère enfant, dit le père enchanté,
De Dieu sur vous la grâce opère ;
Mais pour la croire bien sincère,
Il faut sur vos désirs avoir bien médité.
Retirez-vous au fond du sanctuaire,
Priez avec ferveur, et demandez à Dieu
Qu'il vous inspire, vous éclaire,
Et qu'il approuve votre vœu. »
Edwige obéit au bon père,
Et quelques jours après, avec recueillement,
Elle implore son ministère
Pour être admise à toujours au couvent.

« Ma chère enfant, j'applaudis votre zèle,
Lui dit le père avec bonté ;
Demain, sans faute, à la chapelle
Vous serez présentée à la communauté. »
Edwige fut au comble de la joie.
Le lendemain, une pieuse sœur,
Que la supérieure envoie,
Conduit Edwige dans le chœur.
Son directeur l'attend, aussitôt la présente ;
Toutes les sœurs en corps la mènent à l'autel,
Et le prêtre entonne et chante
Avec les sœurs une hymne à l'Eternel.
Tandis que de leurs chants la sainte nef résonne,
Et que les sœurs prient encor,
Une vierge au voile d'or,
Portant en main une couronne,
Apparaît sur l'autel brillant et radieux,
Descend, s'avance, et sur le front d'Edwige
Met la couronne, fuit, s'éclipse à tous les yeux.
Un silence profond succède à ce prodige.
Le prêtre ému, tournant ses regards vers les cieux,
Se lève et dit d'un ton sententieux :
« Dieu tout-puissant, de cette même place,
Où vient au même instant de descendre ta grâce,
Au nom de ce troupeau dont je suis le berger,
J'ose élever ma voix pour te remercier ;
Accorde-lui, mon Dieu ! cette grâce suprême
Qu'Edwige dans ce jour obtient pour elle-même ;

Conserve à mon troupeau cette grâce, Seigneur ;
Il a dans tous les temps mérité ta faveur
      Par un amour tendre et sincère. »
      Après cette courte prière,
    De ses habits encore un peu mondains
Aux marches de l'autel Edwige est dépouillée ;
Du voile on la revêt, des insignes divins,
Et du présent des cieux la tête couronnée,
    On la conduit en triomphe au couvent.
En entrant elle voit de Marie une image,
    De sa couronne elle lui fait hommage,
    Tombe à ses pieds et meurt incontinent.
De stupeur cette mort frappe tout assistant ;
      Mais du bon père la science
    Fait voir à tous dans cet événement
    Le doigt de Dieu [*] qui prescrit le silence.
La couronne devint dans la suite un trésor,
    Et par les soins et le zèle du père
      Fit donner à ce monastère
      Le nom de Vierge au voile d'or.

[*] L'homme doit respecter et exécuter les décrets de la Providence sans chercher à les approfondir : toutefois il est facile d'apercevoir ici qu'Edwige ayant oublié de rendre des actions de grâce particulières à la mère de notre Sauveur, elle s'en souvient en apercevant son image ; à cette vue elle reconnaît sa faute ; son repentir est vif, son désespoir extrême, elle succombe à sa douleur. Cependant il est à espérer et à croire que ce repentir poignant et sincère, et cette mort qui en a été la suite, auront fait trouver grâce à la pénitente devant Dieu.

A L'ADORATION PERPÉTUELLE

DU TEMPLE.

Vous dont gémit la France et dont frémit l'histoire,
Temps affreux de terreur, horribles souvenirs ;
Source de tant de pleurs, de douloureux soupirs ;
Fuyez loin de ces lieux et de notre mémoire.
Et vous, temple divin, où de célestes voix
Célèbrent chaque jour dans leurs pieux cantiques
Le nom si révéré du plus juste des rois,
Infortuné jouet des fureurs politiques ;
Soyez une arche sainte où viendront désormais
Sur leurs nobles martyrs pleurer tous les Français.
Vous, vierges, qui priez nuit et jour dans ce temple,
Asile des vertus dont vous êtes l'exemple,
Dans vos chants solennels, portez jusques aux cieux
Les regrets de la France et ses sincères vœux,
Pour que le roi martyr et sa race immortelle
Jouissent près de Dieu d'une gloire éternelle.
Ces vœux s'exauceront ; les cieux furent promis,
Par l'envoyé du ciel, au fils de saint Louis.

NOTA. Tout le monde sait que le vénérable Edgewort, prêtre irlandais, qui accompagna Louis XVI au supplice, lui adressa, au moment de sa mort, ces mémorables paroles : *Fils de saint Louis, montez au ciel.*

$\mathfrak{Table}$.